テイストが可愛い

刺しゅうでお直し

藤本裕美

HIROMI FUJIMOTO

CONTENS

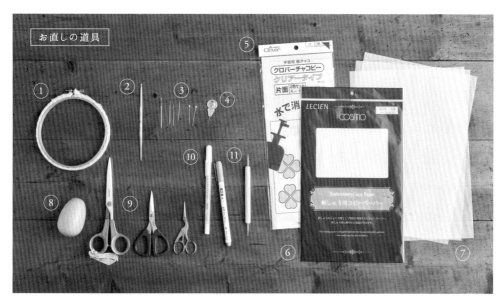

お直しの道具

①刺しゅう枠 ②かぎ針 ③刺しゅう針、とじ針、まち針 ④糸通し ⑤⑥チャコペーパー ⑦トレーシングペーパー
⑧ダーニングエッグ ⑨ハサミ（生地用、刺しゅう用、糸切り用） ⑩チャコペン（水や熱で消えるもの） ⑪トレーサー

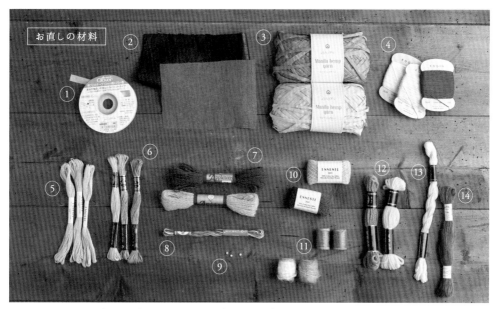

お直しの材料

①のび止めテープ ②生地（革、リネン） ③マニラヘンプヤーン（メルヘンアート）④こぎん糸（DARUMA）⑤草木染め糸コットン（ENNESTE）
⑥刺しゅう糸（DMC 25）⑦羊毛（Appletons Crewel WOOL）⑧刺しゅう糸（DMC Coloris）⑨丸パールビーズ（3mm）
⑩草木染め細糸コットン（ENNESTE）⑪草木染め糸リネン、シルクメリノ、メリノ、シルクカシミア、モヘア（HiROMi FUJiMOTO）
⑫羊毛（DMC TAPESTRY WOOL）⑬刺しゅう糸（DMC COTTON PERLÉ No.5）⑭モヘア（TEC）

オーバーサイズシャツ

（厚地コットン）

材料：

・DMC25　ECRU
・DMC25　3865
・DMC25　746
・のび止めテープ

ステッチ：

・ストレートステッチ（68p）
・フェザーステッチ（13p）
・フレンチノットステッチ（68p）
・ブランケットステッチ（68p）
・ヘリンボーンラダーステッチ（13p）

ダメージ ： 襟の破れ（穴）とスレやホツレ、袖の肩部分の裂け

『刺しゅうでお直し』でも紹介したアンティークのシャツ。前回のお直し（4年前）
以降、大切に着てくれていましたが、さらにダメージが増えていたので、追加の
お直し刺しゅうをすることにしました。前回の赤いポイントがいきるよう、シャツ
と同系色の刺しゅうを、バリエーションを増やして施しています。

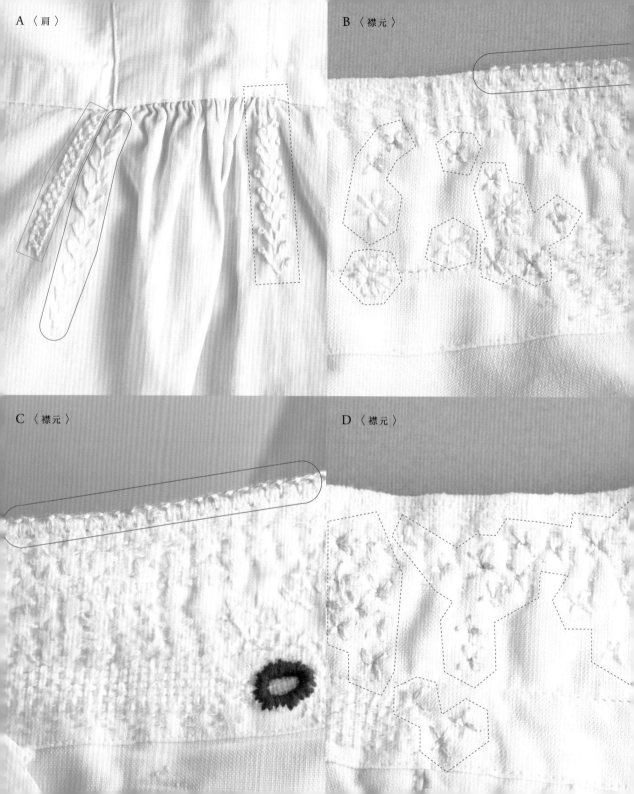

A 〈肩〉

B 〈襟元〉

C 〈襟元〉

D 〈襟元〉

 襟元

1 破れ（穴）部分（12pBD ）に花の刺しゅうをストレートステッチ（DMC25 ECRU、3865、746 3本取り）で刺していく。
破れの大きさによって花の大きさ（花びら6枚／12枚）を分ける。

生地がスレたり、弱くなっている所には花びら4枚の花をストレートステッチ（DMC25 ECRU、3865、746 3本取り）でランダムに刺して補強していく。

4枚花　　6枚花　　12枚花

2 襟元のほつれ部分（12pBC ◯）にはブランケットステッチ（DMC25 ECRU 3本取り）をする。

 袖

1 裂けている箇所の裏からのび止めテープを貼って補強する。

2 裂けが大きいときには、0.2cmぐらいずつ縫い合わせる。

3 さらにその上から裂け目の左右を結ぶようにステッチを加える。

4 各所ステッチは以下の通り。

・前肩寄りの部分（12pA 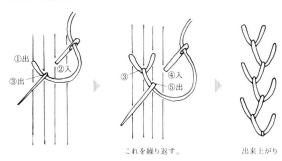）：フェザーステッチ（DMC25 3865 3本取り）＋フレンチノットステッチ2回巻き（DMC25 746 3本取り）
・中央部分（12pA ◯）：フェザーステッチ（DMC25 3865 3本取り）

フェザーステッチ

①出　②入
③出　　　　③　　④入
　　　　　　　　　⑤出

これを繰り返す。　　出来上がり

・後ろ肩寄りの部分（12pA □）：

ヘリンボーンラダーステッチ（黒：DMC25 3865、青：DMC25 746 3本取り）

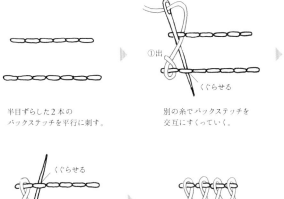

半目ずらした2本の
バックステッチを平行に刺す。

①出
くぐらせる

別の糸でバックステッチを
交互にすくっていく。

くぐらせる

出来上がり

※上記以外のお直し（ステッチ）については『刺しゅうでお直し』（19p）に掲載。

変形スカート
（薄地化繊）

材料：

〈花〉
・DMC COTON PERLÉ No.5 B5200
・TOHO 3mm 丸パール 200

〈葉〉
・DMC25 165
・DMC25 581
・DMC25 890
・DMC25 904
・DMC25 3011

ステッチ：

〈葉〉
・アウトラインステッチ（68p）
・ロング＆ショートステッチ（69p）

〈花〉
・くさり編み
・引き抜き編み
・こま編み

ダメージ：スカートの接ぎ部分に穴あき

何枚もの生地を継いだ変形スカートです。印象的なスズランのプリント生地を
お直しにも反映させたいと思い、立体モチーフを加えることにしました。小さくて
可憐なお直しができました。

1 　穴あき部分の生地が裂けてしまった場合は、裏面からのび止めテープを貼って、裂けを抑える。
　　たてまつりで穴をふさぐ。

2 　スズランの葉部分が穴をふさぐように、
　　デザインをトレースする。

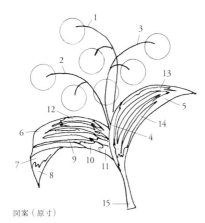

図案（原寸）

茎：アウトラインステッチ（2本取り）
葉：ロング＆ショートステッチ（2本取り）

1・2・4・12 ： DMC25 165
3・6・13・14 ： DMC25 581
7・10 ： DMC25 890
5・8・9・15 ： DMC25 904
11 ： DMC25 3011

◯ → スズラン花つけ位置

3 　スズランの花部分はかぎ針を使って編んでいく（DMC COTON
　　PERLÉ No.5 B5200　1本取り）。

　　a. 人差し指に手前から糸を3回まきつけ、わの作り目をつくる
　　　（糸端が右側にくるように）。

　　b. くさり編みを4回編む。

　　c. わの中に、こま編みを1回する。→ 花びらが1枚できる。
　　　同じ要領で花びらを4枚つくり、最後は引き抜き編みをする。
　　　※糸を適当な長さでカットすると引き抜き編みをしやすい。

　　d. 花びらが4枚編めたら、最初の糸端にいったん、花びらを寄せる。
　　　わの糸を引っ張って動いたほうの糸を引っ張る。最後に糸端を引っ張って中心を絞める。

　　e. とじ針に糸を通し中心から糸を裏面に出して、はじめにつくったわにからめて、糸処理をする。

　　f. 2本の糸のうち1本を、中心から表に出してパール（3mm）を通して、再度、中心から裏面に糸を出す。
　　　※余分な糸はまだカットしない。

　　g. 7つ分の花をつくる。

◯ くさり編み
● 引き抜き編み
✕ こま編み
Ｏ 立ち上がり

4 　茎の先端に、花を縫いつける。

　　残しておいた糸を針に通して花つけ位置で表から生地裏に糸を出し、しっかり固結びする。
　　糸は1本ずつ別々に裏に出す。

アンティークブラウス

（普通地 コットン）

材料：
・DMC25 407　・DMC25 445
ステッチ：
・ジャーマンノットブランケットステッチ（21p）
・クロスステッチ（69p）
・タッセル（21p）

ダメージ：襟の首あき部分にほつれ。

アンティークのブラウスの首あき部分がほつれていました。元のデザインの邪魔
をしないように注意しつつ刺しゅうをほどこし、首元が広く開くのをカバーする
ために糸ループとタッセルを足しました。スモーキーなピンクが良いアクセント
カラーになりました。

1 首あき部分の、糸が切れた刺しゅう部分を丁寧にはずし、
　裏側にのび止めテープを貼る。

2 生地に余裕がある場合は、2つ折りにしてからジャーマンノットブランケッ
　トステッチ（3本取り）で首元を補強する。

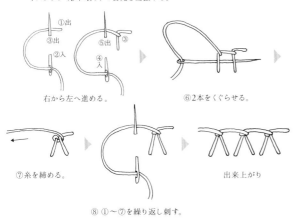

右から左へ進める。　　　　　　　　　⑥2本をくぐらせる。

⑦糸を締める。　　　　　　　　　　　　出来上がり

⑧ ①〜⑦を繰り返し刺す。

3 首まわりの汚れは、元のデザインイメージを崩さないような柄をクロス
　ステッチ（2本取り）で刺す。

DMC25 445（2本取り）　　DMC25 407（2本取り）

4 首元に糸ループとタッセルをつける。

ループをつくる。

ここでは100cmを使って16.5cmの長さのループをつくる。
DMC25 407（4本取り）

a. ループをつける首元の位置の裏から糸を出し（①）、すぐ真横裏に糸を
　入れ（②）、はじめの糸の真横から糸を出す（③）。

b. ③で出した糸は引き締めきらず、　　c. わの間から糸を引き、bで
　①〜②のところでわをつくる。　　　　作ったわを引き締めて、次
　　　　　　　　　　　　　　　　　　　のわをつくっていく。

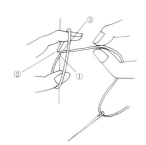 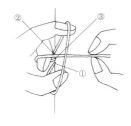

d. bとcを繰り返し、首元にリボン結びができるくらいの
　長さ（今回は16.5cm）のループをつくる。

e. 最後は引っ張っていた糸をわの中に通し、きつく引っ張る。

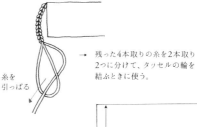

糸を
引っぱる

→ 残った4本取りの糸を2本取り
　2つに分けて、タッセルの輪を
　結ぶときに使う。

f. タッセルをつくる。

　厚紙を用意し、6本取り
　で10回、巻きつける。

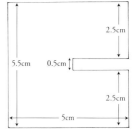

g. eで残った糸を2本ずつに分けて、凹部分に糸を通して、内側から
　中心部分をしっかりまとめ結びする。

h. 厚紙からはずし、gのまとめ結びが内側になるように、半分に
　折って束を整える。
　タッセルの下側、わになっている部分をカットする。

i. 20cm（2本取り）の糸を用意して、タッセルの上から約0.5cmぐら
　いの部分をまとめ結びする。

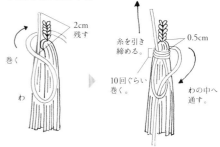

ひもの出だしを2cmぐら　　　巻きつけ終わりに、はじめのわに糸を
い残し下向きに、わがで　　　通して2cmぐらい出しておいた糸
きるように置き、10回ぐら　　先をしっかり引き、糸を締める。
いしっかり巻きつける。　　　結び目の余分な部分をカットする。

j. 房から2cmぐらいの位置
　に、薄紙を巻き、端が真っ
　すぐ整うようにカットする。
　薄紙をはずしたら出来上が
　り。

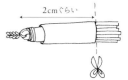

2cmぐらい

スプリングコート

（薄地リネン）

材料 :

・DMC25 3817
・DMC25 18
・DMC25 ECRU

ステッチ :

・マクラメ編み （25p）
・ダブルクロスステッチ （69p）
・ストレートステッチ （68p）
・バックステッチ （68p）

ダメージ：ベルト通し部分のほつれと破損。

 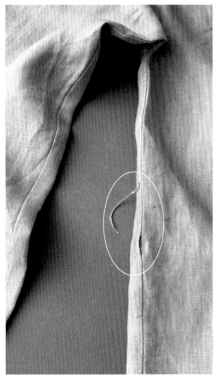

共布ベルトがついた薄地コートですが、ベルト通しが壊れてしまっていました。
明るく綺麗な生地だったので、ポイントになるようなお直しができたら楽しいか
な、と思いました。ブルーと相性の良いイエローとエクリュの刺しゅう糸をアクセ
ントに使っています。ベルトループ部分はマクラメ編みで強度もつけました。

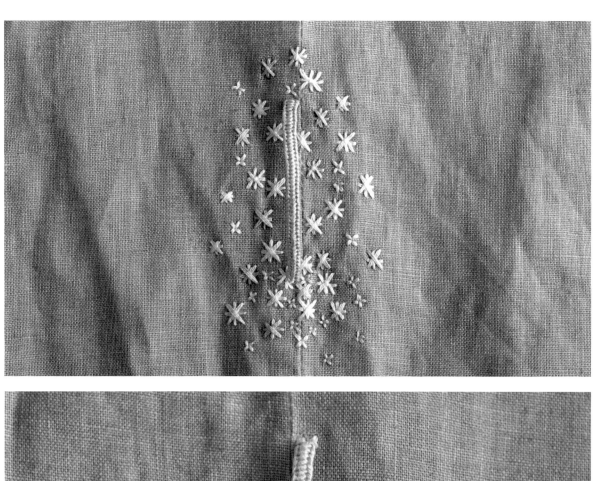
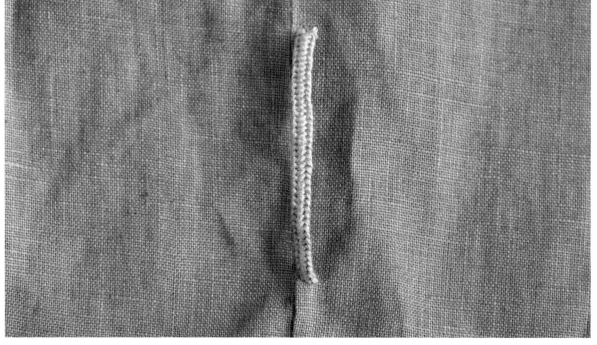

1　ベルト通しをつくり替える。
　　ほつれた部分にミシン目と同じピッチのバックステッチを裏面から刺し、穴をふさぐ。

2　穴があいた部分を中心にダブルクロスステッチ（3本取り）または、ストレートステッチ（3本取り）で縫い目の補強をする。

3　ベルト通しのまわりに、花を散らす感じで刺しゅうする。

　　ステッチ：　✳ ダブルクロスステッチ＋ストレートステッチ（3本取り）
　　　　　　　　✳ ダブルクロスステッチ（3本取り）
　　　　　　　　✛ ストレートステッチ（3本取り）

脇線

刺しゅう糸色

黒：DMC25　ECRU
赤：DMC25　18
青：DMC25　3817

4　ベルト通しを編む（マクラメ編み）。

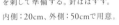
①入　②出　②出　①入

a.　5.5cmのベルト通しをつくる場合、DMC25（6本取り）で70cm必要。4本が横一列に並ぶように糸を刺して準備する。針ははずす。

　　内側：20cm、外側：50cmで用意。

b.

糸を引く

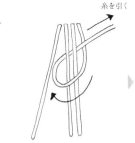

糸を引く

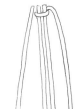

繰り返す

c.　必要な長さが編めたら、糸の端を生地の裏面に通して、しっかり固結びをする。
　　その際、刺しゅう糸を色ごとに分けて裏面に通す。

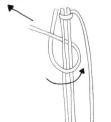

エプロン
（普通地リネン）

材料：

〈 草木染め糸 HiROMi FUJiMOTO × ENNESTE 〉

・茜＆コチニール（リネン）赤
・コチニール（シルクメリノ）紫
・福木（シルクメリノ）黄
・藍（メリノ）水色
・藍・福木（メリノ）黄緑
・アボカド（シルクカシミア）ピンク
・福木（シルクカシミア）白
・茜（モヘア）薄ピンク／濃ピンク

〈 ENNESTE 草木染め糸 〉

・藍＆エンジュ（コットン）緑
・インド茜（コットン）濃ピンク
・ログウッド（コットン）薄紫
・福木（コットン）黄
・藍＆玉ねぎ（コットン）深青
・栗鬼皮（コットン）茶

ステッチ：

・ストレートステッチ（68p）
・フレンチノットステッチ（68p）
・サテンステッチ（69p）
・フィッシュボーンステッチ（69p）
・アウトラインステッチ（68p）
・ロングフレンチノットステッチ（68p）
・シードステッチ（68p）

ダメージ：肩ひも部分のほつれと、脇にシミ。

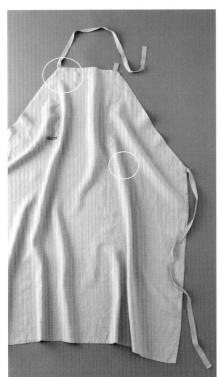 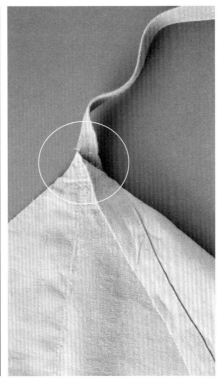

カラフルな糸を使って、シミや汚れの一つひとつに色を塗るような感じで、華やか
なお直しと刺しゅうをしたいと思いました。先々さらにシミや汚れがついてしまっ
たとしても、それをイヤなものではなく「あ！お直しできる！」と楽しめる、そん
な機会にできたらいいなと思っています。

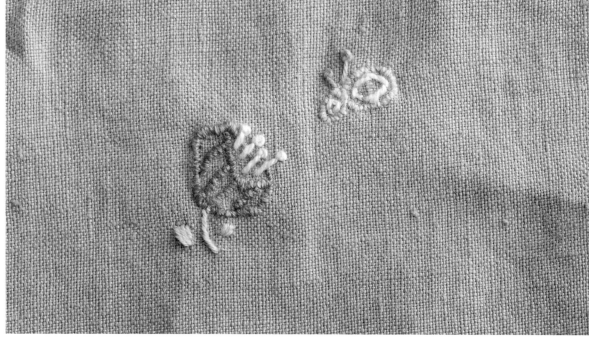

1 エプロン本体から肩ひもがほつれた箇所を
仮止めして固定する。

2 肩ひもの幅に合わせて、花模様をトレースす
る。花のアウトライン部分を細かいストレート
ステッチ（1本取り）を刺す。

3 エプロンがめくれないようにフレンチ
ノットステッチ（2回巻き　1本取り）
で押さえていく。

4 茎はアウトラインステッチ（1本取り）、
葉はフィッシュボーンステッチ（1本取り）
で刺していく。

※その他 B〜K

シミや汚れに沿って細かいストレー
トステッチ（1本取り）で刺しゅう
し、シミ・汚れを囲む。
囲んだ輪郭から発想をめぐらせて、
お花や幾何学模様など、刺しゅう
を楽しんでください。

A　1．アボカド（シルクカシミア）／ ストレートステッチ
　　2．福木（シルクメリノ）／ フレンチノットステッチ（2回巻き）
　　3．藍＆エンジュ（コットン）／ フィッシュボーンステッチ
　　4．藍＆エンジュ（コットン）／ アウトラインステッチ

B　1．茜＆コチニール（リネン）／ ストレートステッチ
　　2．福木（シルクメリノ）／ ロングフレンチノットステッチ（2回巻き）
　　3．藍＆エンジュ（コットン）／ サテンステッチ
　　4．藍＆エンジュ（コットン）／ アウトラインステッチ
　　5．藍＆エンジュ（コットン）／ フィッシュボーンステッチ

C　1．福木（シルクメリノ）／ シードステッチ
　　2．アボカド（シルクカシミヤ）／ シードステッチ
　　3．藍＆玉ねぎ（コットン）／ ストレートステッチ

D・F　茜（モヘア）／ ストレートステッチ

E　1．コチニール（シルクメリノ）／ ストレートステッチ
　　2．コチニール（シルクメリノ）／ ロングフレンチノットステッチ（2回巻き）
　　3．福木（シルクメリノ）／ アウトラインステッチ
　　4．アボカド（シルクカシミア）／ アウトラインステッチ

G　1．栗鬼皮（コットン）／ フレンチノットステッチ（2回巻き）
　　2．藍・福木（メリノ）／ ストレートステッチ
　　3．藍（メリノ）／ ストレートステッチ

H　1．ログウッド（コットン）／ フレンチノットステッチ（2回巻き）
　　2．福木（シルクメリノ）／ ストレートステッチ

I　1．藍＆エンジュ（コットン）／ シードステッチ
　　2．インド茜（コットン）／ ストレートステッチ
　　3．藍＆エンジュ（コットン）／ ストレートステッチ

J　1．藍＆エンジュ（コットン）／ サテンステッチ
　　2．福木（コットン）／ ストレートステッチ
　　3．福木（シルクカシミア）／ ストレートステッチ
　　4．インド茜（コットン）／ ストレートステッチ
　　5．福木（コットン）／ サテンステッチ
　　6．インド茜（コットン）／ ストレートステッチ

K　茜（モヘア）／ ストレートステッチ

脇（30p下写真）　図案（原寸）は35pに掲載。

鍋つかみ
（普通地コットン）

材料：
・DARUMAこぎん糸　No.1
・DARUMAこぎん糸　No.6
・DARUMAこぎん糸　No.9

ステッチ：
・ストレートステッチ（68p）
・クロスステッチ（69p）
・シードステッチ（68p）
・巻きかがり（71p）

ダメージ：シミ、汚れ。

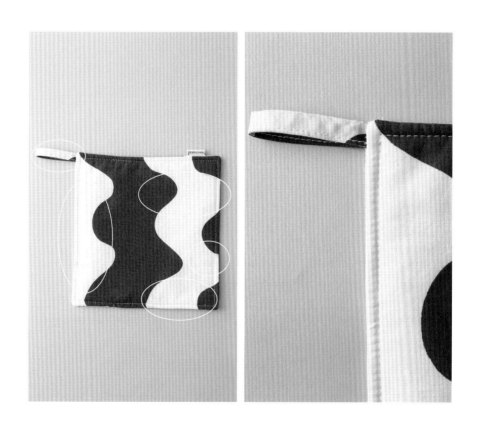

ループ部分や白地部分にシミと汚れがありました。波打つようなイメージのテキスタイルだったので、浜辺や星の砂をイメージした細かいステッチをたくさん重ねています。差し色として黄色の糸を使いました。

1 シミ・汚れ部分にシードステッチとクロスステッチをランダムに刺す。

　※所々にクロスステッチ＋ストレートステッチ（中心部分）でモチーフを加えて、星の砂花
　　のようなアクセントにしています。

　※今回は布地の色と同系色の糸で刺し、ところどころ、バランスを見て差し色になる黄色を
　　アクセントになるよう使っています。

2 ループ部分はシミに沿って巻きかがりをする。

〈 脇（30p下写真）〉 図案（原寸）

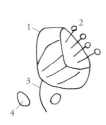

〈 花 〉

1. 茜＆コチニール（リネン）／ストレートステッチ
2. 福木（シルクメリノ）／ロングフレンチノットステッチ（2回巻き）
3. 藍＆エンジュ（コットン）／アウトラインステッチ
4. 藍＆エンジュ（コットン）／サテンステッチ

〈 ちょうちょ 〉

1. 藍＆玉ねぎ（コットン）／ロングフレンチノットステッチ（2回巻き）
2. アボガド（シルクカシミア）／ストレートステッチ
3. 福木（シルクメリノ）／アウトラインステッチ

麦わら帽子
（麦わら）

材料：

・メルヘンアート　マニラヘンプヤーン 511
・メルヘンアート　マニラヘンプヤーン 512
・メルヘンアート　マニラヘンプヤーン 521

ステッチ：

・ストレートステッチ （68p）
・ポンポン （39p）

ダメージ：ツバ部分とトップ（かぶる部分）の接合部分に裂け。リボンの下部。

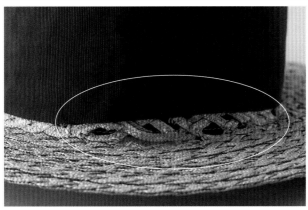

リボンの下部分（ツバとの接地部分）に広めの裂けがありました。目立たない
ようにお直しすることも考えましたが、思い切ってリボンをはずし、帽子の素材
にあわせてマニラヘンプヤーンを使ったお直しと刺しゅうをすることにしました。
アクセントにボンボンをつけたらイメージがガラッと変わって、新しい麦わら帽子
になったかのようです。

帽子

1 正面から見て右側やや前寄りのところにポンポンをつける位置を決めて、そこからお直しをスタートさせる。
3色のマニラヘンプヤーンを同寸用意して、3本取りで使う。

2 トップとツバをつなげるように、ストレートステッチで斜めに編むように刺す。
※麦わらの上から刺すとこわれやすいので、隙間に刺し入れるようにすると良い。

・ツバ部分から針を出し（①）、麦わらをすくって入れる（②）。
・トップとツバのキワからマニラヘンプヤーンを出し（③）、トップとツバを縫い合わせるように斜めに入れる（④）。
・④の横からマニラヘンプヤーンを出し（⑤）、③と同様にトップとツバのキワに初めのマニラヘンプヤーンと向きを揃えて斜めに入れる（⑥）。
・②の横のツバ部分からマニラヘンプヤーンを出し（⑦）、麦わらをすくって入れる（⑧）。

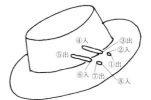

①〜⑧を繰り返しながら1周する。麦わらは円を描くように編まれているので、それに沿って斜めに刺すと良い。

始まりと終わりに段差ができる（矢印部分）ので、その差を隠すようにポンポンをつける。

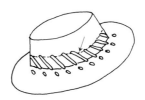

ポンポンの作り方

1 台紙を用意する。

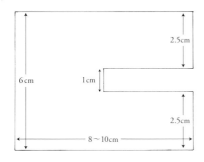

2.5cm
6cm
1cm
2.5cm
8〜10cm

2 台紙の上からマニラヘンプヤーン3色を重ねて、25回巻きつけたあと、台紙の隙間からマニラヘンプヤーン1本（何色でも良い）を通し、束の中央で固結びでしばる。あとで帽子に縫いつけるので、固結びしたマニラヘンプヤーンは少し長めに切る。

3 マニラヘンプヤーンを台紙から引き抜く。

4 わになっている部分をハサミでカットする。

5 ポンポンになるように先を丸く切りそろえていく。

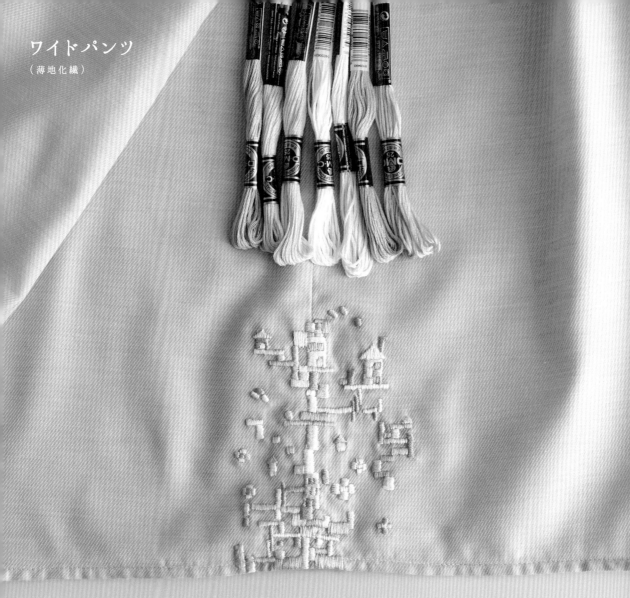

ワイドパンツ
（薄地化繊）

材料：

・DMC25 543
・DMC25 648
・DMC25 712
・DMC25 842
・DMC25 948
・DMC25 3033
・DMC25 3865

ステッチ：

・バックステッチ（68p）
・サテンステッチ（69p）

ダメージ：内側裾に大きな裂けがありました。

パンツの内側に大きな裂けがありました。目立たせることなく、でも存在感のある
モチーフを刺したくて、生地に近い色の糸を使いました。縦に長く裂けた縫い目
に沿って、いろんなサイズ・バランスの四角を連ねることで補強し、そのまわり
にも四角・丸・三角などの様々な形を刺しゅうしていったら、なんとなく街のよう
なイメージになりました。

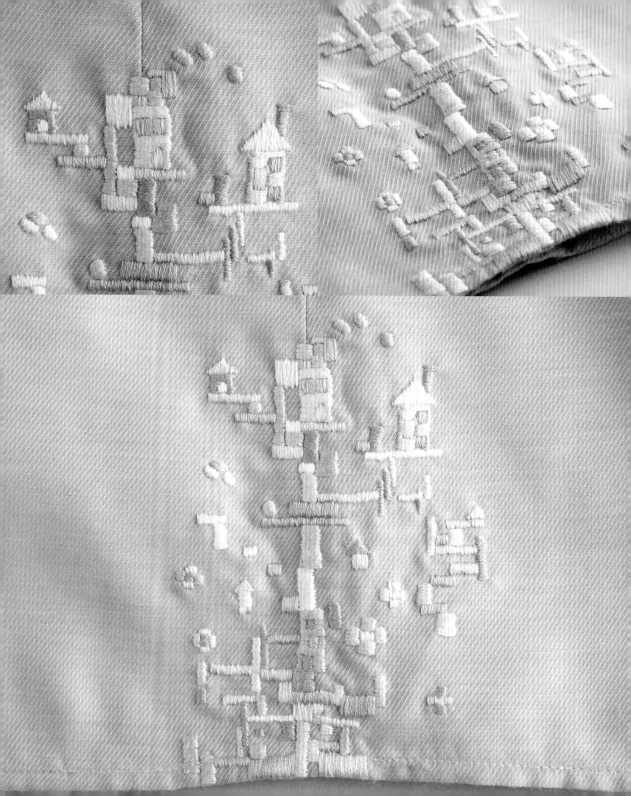

1　裂けた裾の縫い目部分を裏面からミシン目と同じピッチのバックステッチで縫い合わせる。　※25p参照

2　裂けた部分から1cmぐらい上まで、様々な大きさの四角を組み合わせて、サテンステッチ（3本取り）を刺す。
　　パンツの糸が切れた部分の補強となる。
　　モチーフの色はお好みでOK。

3　サテンステッチの方向を変えながら、残りの模様を刺していく。

図案（原寸）

ショート丈ソックス
（厚地コットン）

材料：

・DMC Coloris 4502

ステッチ：

・巻きかがり（71p）
・ポンポン作り（47p）

ダメージ：履き口部分のホツレ。

タグをはずすときに糸が引っかかってホツレができてしまったそうです。履き口
だったので、生地の伸びや強度を考慮して巻きかがりのお直しをすることにしまし
た。立体的なモチーフが好きとのことだったので、小さいポンポンをつけて動きを
出しました。4色がグラデーションされた糸を使うことで、小さくても印象的なお直
しとなりました。

1 　糸が切れた部分の裂けが進まないように、裂けた先を仮止めする。

2 　裂け目が広がらないように左右を少し重ねて、その前後を3本取りで巻きかがりをする。
　　このとき、1の裂けた先が隠れるような幅で巻きかがりをすると、しっかり補強できる。

3 　ポンポンを2つつくる。
　　ポンポンを裂けた先を中心に左右を交差させるように縫いつけると、さらに裂けのホツレ防止になる。

⟨ ポンポンのつくり方 ⟩

1 　台紙を用意する。

0.5cm
1.5cm　　　　　　　　　0.5cm
8cm　　　　　　　0.5cm

2 　台紙の上から刺しゅう糸（6本取り）を25回巻きつけたあと、台紙の隙間から
　　3本取りの刺しゅう糸を通し、束の中央で固結びでしっかり縛る。

3 　糸を台紙から引き抜く。

4 　わになっている部分をハサミでカットする。

5 　ポンポンになるように糸先を丸く切りそろえていく。

6 　2で固結びした中央の糸を6本取りにまとめる。2本取り3束に分ける。

7 　3束に分けた糸を三つ編みする。
　　三つ編み：1.7cm、0.7cm

ルームシューズ
（表：厚地コットン、裏：スエード）

材料：
・本革
・草木染め糸（ENNEST）
　インド藍＆福木　深青
・草木染め糸（ENNEST）
　エンジェ　黄
・草木染め糸（ENNEST）
　アボカド　ピンク

ステッチ：
・ブランケットステッチ（68p）
・ランニングステッチ（68p）
・ダーニング（70p）

ダメージ：ルームシューズ裏に大きな破れがありました。

強度を考えて革を使いつつ、ちらっと見えたときに可愛らしくなるようカラフルな
ステッチを刺しました。小さいですが踵部分にも破れが確認できたので、あわせ
てお直しすることにしました。

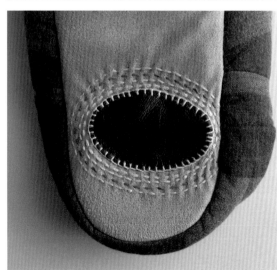

1 破れを覆う大きさの革を準備する。
穴から1cmぐらい大きめにシューズ裏に印をつける。※いびつな形でも、それが個性になって可愛いです。

2 印をつけた形の型紙をつくり、革を裁断する。トレーシングペーパーを使うと型を取りやすい。
※いびつな形の場合は向きがあるので、型紙の表裏に注意しながら裁断してください。

3 破れを覆うように革を置き、ブランケットステッチ（細糸 2本取り）でまわりを縫いつける。

4 革のまわりに円を描くようにランニングステッチを刺す。ランニングステッチをすることで生地の補強も同時におこなう。
糸を2本取り／3本取り／4本取りにして太さの強弱をつけると表情が出る。

5 側面などで擦り切れているところはダーニング（細糸 2本取り）でお直しする。

ブラックジーンズ
（厚地コットン）

材料：
〈クマ〉
・体　DMC25　28
　　　DMC25　798
　　　DMC25　820
　　　DMC25　3740
　　　DMC25　3809
・目　DMC25　310
　　　DMC25　3865

〈魚〉
・体　DMC25　307
・目　DMC25　310
　　　DMC25　3865

〈花〉
・DMC25　522
・DMC25　758
・DMC25　834
・DMC25　3865

〈穴のまわり〉
・DMC25　ECRU
・DMC25　522
・DMC25　758
・DMC25　834
・DMC25　3348

補強用の生地
（ここではリネンを使用）

ステッチ：
〈クマと花〉
・サテンステッチ（69p）
・バックステッチ（68p）
・フレンチノットステッチ（68p）
・ストレートステッチ（68p）
・ロング＆ショートステッチ（69p）

〈魚〉
・ロング＆ショートステッチ（69p）
・サテンステッチ（69p）

〈まわり〉
・ストレートステッチ（68p）
・ランニングステッチ（68p）
・クロスステッチ（69p）
・フレンチノットステッチ（68p）
・巻きかがり（71p）

ダメージ：膝部分に大きめの穴あき。

クマ好きな持ち主のために、クマを刺しゅうしたいと思っていました。クマのまわりに、様々な色とステッチを加えたことでポップで楽しいお直しになりました。ステッチの幅や色合わせを工夫することで、少し大人っぽく仕上がりました。

1　穴の大きさをトレーシングペーパーにトレースする。
　　穴の中から見えるような位置にクマをトレースし、用意した別布に写す。

2　クマ、魚を刺す。

⬡　クマ

体：ロング＆ショートステッチ（3本取り）で刺す。迷彩柄の
クマを刺す場合には、差し色になる色を刺してから、ベースにな
る色を重ねるように刺していく。色番号参照。
目と鼻先：サテンステッチ（310／3865　2本取り）
口：バックステッチ（310　2本取り）

⬡　魚

体：ロング＆ショートステッチ（307　3本取り）
目：サテンステッチ（310／3865　2本取り）

3　穴のしたに2で刺しゅうをした生地を
　　あて、まわりを仮止め（しつけ）する。

4　ジーンズと2で刺しゅうをした生地を固定する
　　ように巻きかがり（3本取り、グレー部分▨：
　　ECRU、うす緑部分　：3348）で一周刺す。
　　このとき、ジーンズの生地端のスレた糸がきれい
　　に隠れるように巻きかがりをしていく。
　　巻きかがりで一周しても補強が足りない部分は二
　　重、三重に刺していく。

5　巻きかがりとクマの間に隙間ができた場合は、バランス
　　を見ながら花刺しゅうで埋めていく（すべて3本取り）。

　　○　フレンチノットステッチ（834、3865）

　〈花びら〉ストレートステッチ（3865）／〈中心〉フレンチノットステッチ（2回巻き 834）
　　　　　ストレートステッチ（834）　　　　　フレンチノットステッチ（2回巻き 3865）

　　　　　〈花びら〉ストレートステッチ（3865）／〈中心〉サテンステッチ（834）／
　　　　　〈茎〉バックステッチ（522）

　　　　　〈花〉フレンチノットステッチ（2回巻き 834）／〈葉〉ストレートステッチ（522）

　　　　　〈花びら〉ストレートステッチ（758、834、3865）

6　ジーンズのスレた部分が大きい場合は、さらに生地を繕う。
　　4の巻きかがりのまわりをランニングステッチ（3本取り）、
　　ストレートステッチ（3本取り）、
　　フレンチノットステッチ（3本取り　2回巻き）、
　　クロスステッチ（3本取り）などで補強していく。
　　小さな穴やキズ部分には魚を刺して補強する。

　　○　フレンチノットステッチ
　　＋　クロスステッチ
　　｜　ストレートステッチ
　　—　ランニングステッチ

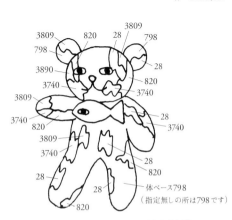

刺しゅう糸色
黒：DMC834
赤：DMC758
青：DMC522

クマ図案（原寸）

（指定無しの所は798です）
体ベース798

カーディガン
（薄地ウール）

材料：

〈 モチーフ A 〉
・Appletons Crewel WOOL 326
・Appletons Crewel WOOL 707
・Appletons Crewel WOOL 843
・DMC TAPESTRY WOOL 7949

〈 モチーフ B 〉
・Appletons Crewel WOOL 141
・Appletons Crewel WOOL 501A
・Appletons Crewel WOOL 843
・Appletons Crewel WOOL 991B
・TEC MOHAIR 223

〈 モチーフ C 〉
・Appletons Crewel WOOL 326
・Appletons Crewel WOOL 963
・Appletons Crewel WOOL 995
・DMC TAPESTRY WOOL ECRU

〈 モチーフ D 〉
・Appletons Crewel WOOL 552
・Appletons Crewel WOOL 707

〈 モチーフ E 〉
・Appletons Crewel WOOL 141
・Appletons Crewel WOOL 501A
・Appletons Crewel WOOL 843

〈 モチーフ F 〉
・Appletons Crewel WOOL 326
・Appletons Crewel WOOL 707
・Appletons Crewel WOOL 843

ステッチ：

〈 モチーフ A・B・C 〉
・ダーニング（70p）
・ランニングステッチ（68p）

〈 モチーフ D 〉
・ブランケットステッチ（68p）

〈 モチーフ E 〉
・ダーニング（70p）
・アウトラインステッチ（68p）
・ランニングステッチ（68p）

〈 モチーフ F 〉
・ダーニング（70p）
・バックステッチ（68p）

ダメージ：あちこちに穴あき。

薄いウールの変形カーディガンです。襟や身頃上部にいくつかの穴あきがありました。ポイントになるような色合いの糸を使いつつ、共通の方法としてダーニングを使うことで、楽しい中にもまとまりができました。太めのウールやモヘアなど、素材感の違う糸を組み合わせることで表情を出しています。

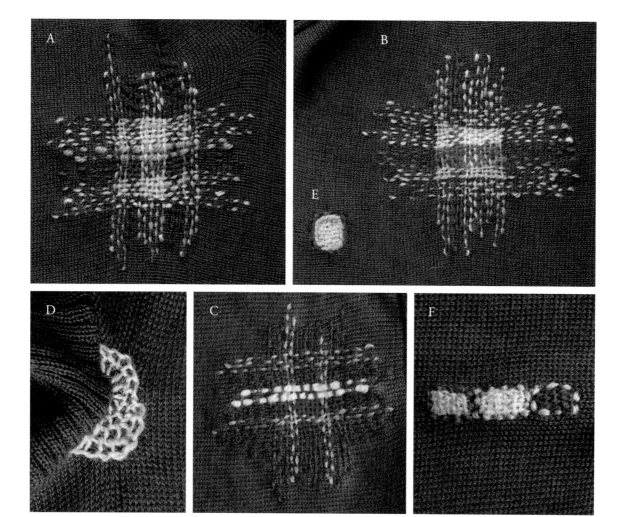

1 　ダーニングしたいところに印をつける。

2 　その周辺の生地をランニングステッチで補強しながら、ダーニングの縦糸
　　を刺す。

3 　横糸も同じように、補強したいところからランニングステッチをして、ダーニ
　　ングをしていく。
　　※ところどころにモヘアや太さの違うウールなど、異素材を組み合わせると
　　色々な表現ができて楽しめます。

〳 モチーフ D 〵

肩と袖のラインを基点にブランケットステッチを円形状に刺して、穴あきや糸のツレを繕う。

〳 モチーフ E 〵

1 　穴あき部分にダーニングをする。

2 　そのまわりをアウトラインステッチで囲む。

3 　さらにそのまわりにランニングステッチを刺し、アクセントをつける。

〳 モチーフ F 〵

1 　穴あき部分にダーニングをする。

2 　そのまわりに細かい目でバックステッチをする。

コート

（厚地ウール）

材料 :

・DMC25 310
・Appletons Crewel WOOL 993
・Appletons Crewel WOOL 121

ステッチ :

・サテンステッチ （69p）
・フレンチノットステッチ （68p）
・ロングフレンチノットステッチ （68p）
・アウトラインステッチ （68p）
・フィッシュボーンステッチ （69p）
・ロング＆ショートステッチ （69p）

ダメージ：ポケット部分の破れ、ボタン破損。

愛着と思い出のある1枚と聞いていました。この先も長く着られるようなお直し
にしたいと思いました。高級感ある生地だったので、同系色の刺しゅう糸で色は
抑えめにしつつ、一つは光沢感、もう一つはマット感のある糸を使うことで立体
感を出しています。そしてモチーフ自体は華やかな刺しゅうにしました。ボタン
を失くしてしまったそうなので、似たサイズのボタンを使って、裏地に使われてい
る色をアクセントとして刺しゅうをプラスし、全体の統一感を出しています。

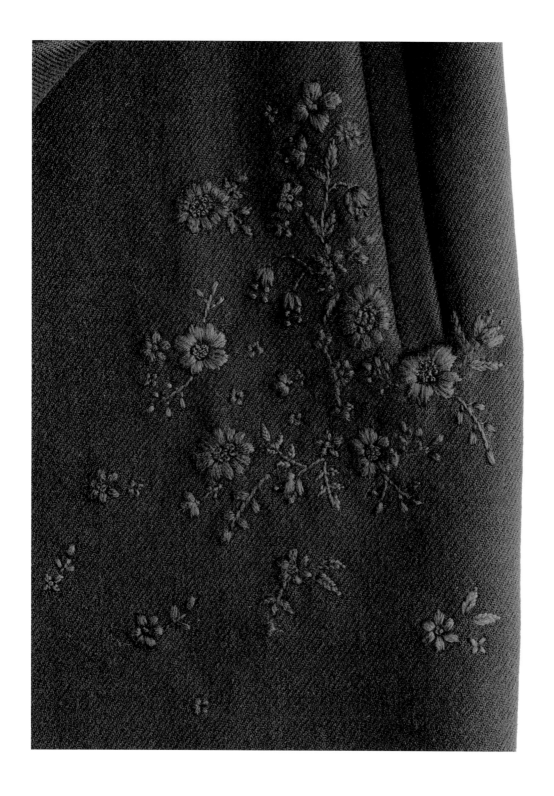

ポケット部分 ※ポケット部分の刺しゅうの図案（原寸）は 66-67p に掲載。

1 裏地があるものに刺しゅうをする場合は、裏地をよけて表地だけに刺しゅうする。
※このコートは表と裏が縫い合わされていたので、裾の目立たない部分を一部ほど
いて、表地だけに刺しゅうできるよう準備しました。

2 ポケット口の生地がスレて弱っている部分の上から、ロング＆ショートステッチ
とフレンチノットステッチで花刺しゅうをして生地を補強する。

※今回はDMC25（コットン糸）を6本取りで、Appletons Crewel WOOL（ウール糸）
を2本取りで使いました。単色でも光沢感の異なる糸を使うことで立体感が表現で
きます。

3 ポケット口のまわりに花刺しゅうをする。

右図

黒：DMC25 310　6本取り
青：Appletons Crewel WOOL993　2本取り

4 1でほどいた裏地を元に戻す。

コート裏地のピンクと同系色の糸を使って、ポケット口同様、花刺しゅうをする。
Appletons Crewel WOOL 121 （2本取り）

図案（原寸）

1　〈花びら〉ストレートステッチ／〈中心〉フレンチノットステッチ
2　〈花びら〉ストレートステッチ／〈中心〉フレンチノットステッチ
3　〈花びら〉ストレートステッチ／〈中心〉フレンチノットステッチ
4　〈花びら〉ロング＆ショートステッチ／〈中心〉サテンステッチ
5　〈花びら〉ロング＆ショートステッチ／〈中心〉フレンチノットステッチ
6　〈花びら〉ロング＆ショートステッチ／〈中心〉サテンステッチ
7　フレンチノットステッチ

〈花びら〉ロング & ショートステッチ
〈中心〉サテンステッチ

ストレートステッチ

〈花びら〉ロング & ショートステッチ
〈中心〉フレンチノットステッチ
〈茎〉アウトラインステッチ
〈葉〉フィッシュボーンステッチ

〈花びら〉フィッシュボーンステッチ
〈中心〉フレンチノットステッチ

〈花びら〉ロング & ショートステッチ
〈中心〉サテンステッチ

〈花びら〉ロング & ショートステッチ
〈中心〉フレンチノットステッチ
〈茎〉アウトラインステッチ
〈葉〉ロング & ショートステッチ

〈花びら〉ロング & ショートステッチ
〈中心〉フレンチノットステッチ
〈茎〉アウトラインステッチ
〈葉〉フィッシュボーンステッチ

〈 ポケット部分（62 p 写真 ）〉　図案（原寸）　黒：DMC25 310　6本取り
青：Appletons Crewel WOOL993　2本取り

← 上

〈花びら〉ロング & ショートステッチ
〈中心〉フレンチノットステッチ

〈花びら〉ロング & ショートステッチ ＋
フレンチノットステッチ
〈茎〉アウトラインステッチ

〈葉〉フィッシュボーンステッチ

〈花びら〉ロング & ショートステッチ ＋
ロングフレンチノットステッチ
〈茎〉アウトラインステッチ
〈葉〉フィッシュボーンステッチ

〈花びら〉ロング & ショートステッチ
〈中心〉サテンステッチ
〈茎〉アウトラインステッチ
〈葉〉サテンステッチ

STITCH　基本のステッチ 8 種

ストレートステッチ

ランニングステッチ

②入
③出　①出

②〜③を
繰り返す。

バックステッチ

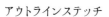

出
①
③出　②入

（①）
③　④入
⑤出

アウトラインステッチ

①
出　③出　②入

⑤出
③　④入

シードステッチ

③出
①出　②入
③

短い針目で方向を
ランダムに変えなが
らひと針ずつ刺す。

フレンチノットステッチ（2 回巻き）

①出

②入
①出

2 度かけた糸を指で
押さえ、①出の真横
②に入れる。

糸を引き締める。

糸を 2 度かける。

ブランケットステッチ

①出
③出
②入

⑤出　③
④入

右から左へ進める。

ロングフレンチノットステッチ（2 回巻き）

①出

②入
①出

2 度かけた糸を指で押さ
え、①出から少し離れた
ところに針を入れる。

糸を引き締める。

STITCH

サテンステッチ

  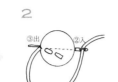

1 ①出 2〜3針すくう。

2 ③出 ②入

3

4 ①'出 ②入 ③'出

幅が広い所から刺すとバランスが取りやすい。

ロング&ショートステッチ

1 出 ① 2〜3針すくう

2 ③出 ① ②入 中心から左へ刺し進む。

3 ⑤出 ④入

4 ロングとショートを繰り返す。

5 中心から右へ刺し進む。

6 2列目、3列目と同じように刺し、面を埋める。

フィッシュボーンステッチ

 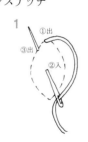 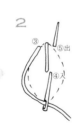   

1 ①出 ③出 ②入

2 ⑤出 ④入

3 ⑦出 ⑥入

4 ⑨出 ⑧入

5

クロスステッチ

④入 ①出 ②入 ③出

ダブルクロスステッチ

⑤出 ④入 ①出 ②入 ③出

⑦出 ⑧入 ⑥入

STITCH

ダーニング

ダーニングエッグやダーニングマッシュルームを使って穴あきや擦り切れた所を修繕する方法。縦糸と横糸を使って織物のように繕う。

ダーニングエッグの使いかた

衣類の裏側から修繕したい部分にあて、布地でダーニングエッグをくるむようにしっかり握り、布を張って使う。

1

繕いたい穴よりもひと回り大きくダーニングする。水で消えるチャコペンを使って、形や大きさをマーキングしておくと縦糸/横糸を通すときの目安になる。
※チャコペンが使いにくい場合には、ランニングステッチで輪郭を取る。

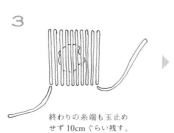

2

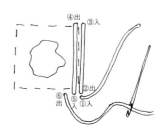

縦糸を通す。糸端は玉止めせず10cmぐらい残しておく。マーキングした輪郭の少し外側を小さく1目すくって（①②）縦方向に糸を渡す（③）。右から左へ1目すくって糸を引き（④）、縦方向に糸を渡す（⑤）。横糸を通しやすくするため、糸と糸の間隔は使っている糸1本分くらいあける。

3

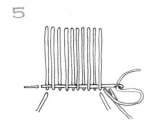

終わりの糸端も玉止めせず10cmぐらい残す。

4

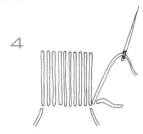

横糸を通す。縦糸の右角を右から左へ1目すくう。糸端は玉止めはせずに10cmぐらい残す。

5

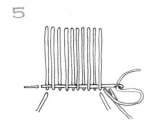

縦糸の1本目をくぐらせ、1本おきに交互に縦糸をくぐらせながら横糸を通していく。最後は左端の生地を右から左に1目すくい糸を引く。同じ方向から糸を通すように180度生地を回転させ、同様に横糸を通していく。
※横糸を通す際、糸が割れやすい時は針穴側から通す。

6

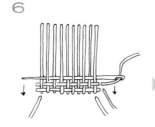

数段ごとに針先を使って織り目を整え、しっかり詰めていく。

7

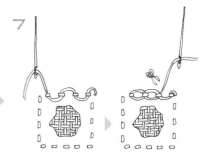

糸の刺し始めと刺し終わりの始末をする。糸端を裏側に出し、裏の縫い目に4、5目ほどくぐらせたら、同じ所を2、3目戻し、糸をカットする。

仕上げにスチームアイロンを軽くあて、織り目をなじませる。

STITCH

巻きかがり

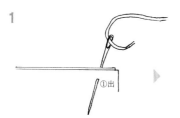

1

①出

後ろから針を出す。

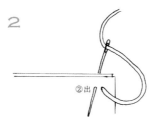

2

②出

3

藤本裕美
HIROMI FUJIMOTO

愛知県出身。2004年渡仏。パリのAcademie Internationale de Coupe de
Parisで Diplomを取得後、CHANEL、GIVENCHY、MARTIN GRANT
などのアトリエでモデリストとしての経験をつむ。クチュリエの手作業に魅了
され、刺繍やフラワーアートに興味を持つ。2014年、Ecole Lesageにてリュ
ネヴィル刺繍を習得後、本格的にオーダードレスの制作を始める傍ら、
刺繍、コサージュのアクセサリーも手がける。現在は日本とパリを行き来
しながら活躍の場を広げている。著書に『普段使いが可愛い小さな布
花コサージュ』『刺しゅうでお直し』『図案のいらない可愛い刺しゅう』
『フレンチシックなサイズとダメージのお直し』(産業編集センター)がある。

https://www.hiromifujimoto.com/

フレンチテイストが可愛い
刺しゅうでお直し

2023年3月15日　第一刷発行

著者	藤本裕美
写真	福井裕子
プロセスイラスト・図案	藤本裕美
モデル	内田美保
スタイリング	平真実
撮影場所	Café Lissette 自由が丘店
ブックデザイン	白石哲也 (Fält)
編集	福永恵子 (産業編集センター)

発行　　　株式会社産業編集センター
　　　　　〒112-0011東京都文京区千石4-39-17

印刷・製本　株式会社シナノパブリッシングプレス